Maria Reif

Die Vermeidung des Bösen im erzieherischen Gedankenexperiment des Jean-Jacques Rousseau im 'Emile oder über die Erziehung'

GRIN Verlag

Bibliografische Information der Deutschen Nationalbibliothek:

Die Deutsche Bibliothek verzeichnet diese Publikation in der Deutschen National-
bibliografie; detaillierte bibliografische Daten sind im Internet über http://dnb.d-
nb.de/ abrufbar.

Impressum:

Copyright © 2005 GRIN Verlag GmbH
Druck und Bindung: Books on Demand GmbH, Norderstedt Germany
ISBN: 978-3-638-76354-7

Dieses Buch bei GRIN:

http://www.grin.com/de/e-book/45007/die-vermeidung-des-boesen-im-erzieheri-
schen-gedankenexperiment-des-jean-jacques

GRIN - Your knowledge has value

Der GRIN Verlag publiziert seit 1998 wissenschaftliche Arbeiten von Studenten, Hochschullehrern und anderen Akademikern als eBook und gedrucktes Buch. Die Verlagswebsite www.grin.com ist die ideale Plattform zur Veröffentlichung von Hausarbeiten, Abschlussarbeiten, wissenschaftlichen Aufsätzen, Dissertationen und Fachbüchern.

Besuchen Sie uns im Internet:

http://www.grin.com/

http://www.facebook.com/grincom

http://www.twitter.com/grin_com

Institut für Pädagogik Martin-Luther-Universität Halle
Sommersemester 2005
Veranstaltung: Philosophische und pädagogische Reflexion zum Problem des
Bösen

Thema:

„Alles ist gut, wie es aus den Händen des Schöpfers der Dinge hervorgeht, alles verdirbt unter den Händen des Menschen."

(Kiepenhauer, Gustav: Emile oder über die Erziehung. Potsdam. 1919. S.19)

Die Vermeidung des Bösen im erzieherischen Gedankenexperiment des Jean-Jacques Rousseau im „Emile oder über die Erziehung"

Studiengang: Lehramt an Gymnasien (Geographie / Ethik)
Semesteranzahl: 4
Abgabedatum: 26.09.2005

Inhaltsverzeichnis

1.Einführung

In dieser Arbeit möchte ich mich dem Erziehungsroman „Emile oder über die Erziehung" widmen. Diese Schrift wurde 1762 von Rousseau veröffentlicht und alsbald verboten und verbrannt, sie löste zusammen mit dem Gesellschaftsvertrag eine Revolution im Denken der Menschen aus, gab Staaten Konstitutionen und Vieles mehr.

Zeitlos ist dieses Werk!

„In „Emile" ist viel vergangene Wahrheit, viel zukünftige. Und viel ewig gegenwärtige, weil es ein Buch vom irdischen Menschen inmitten von ewigen Dingen ist."[1] Beginnend stelle ich den Autor dieser Schrift vor, darauf folgend werde ich zum eigentlichen erzieherischen Gedankenexperiment übergehen. Einige bedeutende Aspekte zum Ursprung des Bösen und denkbare Lösungsansätze machen schließlich den vierten Punkt dieser Arbeit aus, bevor das Resümee diese Arbeit abrunden wird.

2. Die prägensten Abschnitte im Leben des Jean-Jacques Rousseau

Jean-Jacques Rousseau wurde am 28. Juni 1712 in Genf als zweiter Sohn des Uhrmachers Isaac Rousseau geboren. Seine Mutter Suzanne Bernards verstarb wenige Tage nach seiner Geburt. Da er, wie er es selbst sagte, seiner Mutter das Leben kostete, deutete er dieses frühe persönliche tragische Ereignis als erstes Unglück seines Lebens.

Trotz des Todes seiner Mutter blieb diese jedoch für ihren Sohn gegenwärtig und prägte aufgrund der von ihr hinterlassenen Bücher seine intellektuelle Entwicklung besonders im Bereich der klassischen Literatur.

Isaac Rousseau floh 1722 aufgrund einer Auseinandersetzung mit einem Offizier nach Nyon, wo er bis zu seinem Tod 1747 lebte.

Jean-Jacques und sein sieben Jahre älterer Bruder Francois leben alsdann in der Obhut des Onkels Gabriel Bernard. Francois verließ zwei Jahre darauf das Land und ging wahrscheinlich nach Deutschland. Die Familie zerbrach quasi und Jean-Jacques führte somit gleichsam das Leben eines Waisen.

---

01 Kiepenhauer, Gustav: Emile oder über die Erziehung. Potsdam. 1919. S.12

Der Onkel übertrug die Erziehung Jean-Jacques einem calvinistischen Landpfarrer. 1724 begann er eine Lehre zum Gerichtsschreiber, die er jedoch nach kurzer Zeit abbrach. Ein Jahr später begann er eine Lehre bei dem Graviermeister Ducommun in Genf.

Die Lebensumstände bei diesem, da Jean-Jacques auch bei jenem wohnte, empfand er als zwanghaft. Diese Ausbildung fand nach drei Jahren ihr Ende, als er nach einem Ausflug die Stadttore Genfs verschlossen vorfand. Jener Umstand veranlasste Rousseau Genf den Rücken zu kehren.

Der noch 15-Jährige Jean-Jacques lernte 1728 auf Empfehlung eines Geistlichen Madame de Warens kennen. Sie sah ihre Lebensaufgabe darin, Protestanten zum katholischen Glauben zu bekehren. Rousseau konvertierte schließlich wenige Wochen nach der Bekanntschaft mit Madame de Warens zum katholischen Glauben. Mit dieser Frau verband ihn nicht nur eine langjährige Freundschaft. Sie war für ihn zugleich Mutter und Geliebte und gab ihm die Möglichkeit sich vor allem autodidaktisch in Musik, Philosophie, Mathematik sowie den Naturwissenschaften zu bilden. Von 1731 bis 1740 lebte er bei Madame de Warens in Chambery, diese Jahre wird er im Nachhinein als das kurze Glück seines Lebens bezeichnen.

Ein nächster bedeutender Abschnitt fand 1745 seinen Anfang.

Zuvor war er zeitweilig als Hauslehrer bei der Familie de Mably in Lyon angestellt. Danach hielt er sich in Paris auf und lernte dort den Intellektuellenkreis der *philosophes* um Denis Diderot kennen, mit denen er eine jahrelange Freundschaft unterhielt. Nach seinem Parisaufenthalt pflegte er kurzweilig seinen Unterhalt als Sekretär des französischen Botschafters in Venedig zu verdienen.

Im Jahre 1745 lernte er die Wäscherin Marie-Thérèse Levasseur kennen und lieben. Ein Jahr darauf gebar sie ihm eines von insgesamt fünf Kindern, die allesamt nach der Geburt dem Findelhaus übergeben wurden. Diese Vorgehensweise war im Paris des 18.Jahrhunderts keineswegs unüblich. Rousseau macht dafür den luxuriösen Lebensstil der Reichen verantwortlich und war der Meinung, dass er nicht genügend Brot hätte, um gleichzeitig diese Lebensführung beizubehalten, wenn er eigene Kinder aufzuziehen hätte.

Er selbst sagte später dazu: „Mehr als einmal seitdem hat mir die Reue meines Herzens gesagt, daß ich mich getäuscht habe". ... Auch wenn eine Reihe von äußeren Bedingungen Rousseau zu entlasten scheinen, bleibt die Übergabe der Kinder ins Findelhaus die Tragödie seines Lebens, die ihn bis an das Ende seiner Tage verfolgt hat und über den Tod hinaus das Rousseau-Bild überschattet. Es gibt Anzeichen dafür, daß Rousseau den *Emile* ursprünglich als sein letztes Werk konzipiert hat, um eine ‚alte Sünde' abzubüßen und anschließend dem Schreiben ein für allemal abzuschwören. Im *Emile* stellt er kategorisch fest: „Wer die Pflichten eines Vaters nicht erfüllen kann, hat kein Recht, es zu werden. Weder Armut noch Arbeit, noch menschliche Rücksichten sprechen ihn davon los, seine Kinder zu ernähren und sie selbst zu erziehen. Ihr könnt mir glauben, meine Leser. Ich sage es einem jeden voraus, der Kinder hat und so heilige Pflichten verabsäumt, er wird lange Zeit über seinen Fehler bittere Tränen vergießen und niemals getröstet werden."[2]

Ein ebenfalls bedeutender Lebensabschnitt Rousseaus wurde mit der Fragestellung der Akademie zu Dijon 1750 eingeläutet.

Diese fragte, *„ob die Wiederherstellung der Wissenschaften und Künste zur Läuterung der Sitten beigetragen habe".*[3]

In seiner darauf antwortenden Schrift reagierte Rousseau schroff auf die gegebene Fragestellung und verneinte diese nicht nur, sondern machte die Wissenschaften und Künste zum Quell des Sittenverfalls. Im Sommer 1750 gab die Akademie den Gewinner dieser Ausschreibung bekannt. Selbst davon überrascht nahm Rousseau diese Ehrung an und wurde, weil ein befreundeter Redakteur jenen Artikel veröffentlichte, gleichsam über Nacht in ganz Europa berühmt.

1752 wurde Rousseaus Singspiel der Dorfwahrsager in Anwesenheit von Ludwig dem XV aufgeführt. Bis 1761 führte er mit verschiedenen Persönlichkeiten u.a. Voltaire diverse Briefwechsel, unternahm Reisen, begegnete neuen Leuten und verwarf sich mit ehemaligen Freunden. 1761 schließlich veröffentlichte er „Julie oder Die neue Héloise".

---

02 Sturma, Dieter: Jean-Jacques Rousseau. München. 2001. S.20,21
03 Sturma, Dieter: Jean-Jacques Rousseau. München. 2001. S.23,24

Das Folgejahr sollte dann zu einem der prägensten Abschnitte seines Lebens werden. „Im Frühjahr erschien der *Gesellschaftsvertrag* in Amsterdam sowie der *Emile* und Paris. Der *Emile* wird in Paris konfisziert und verbrannt. Gegen Rousseau ergeht ein Haftbefehl."[4] Daraufhin floh er notgedrungener Weise in die Schweiz. „In Genf wird neben dem *Emile* auch der *Gesellschaftsvertrag* verboten und verbrannt. Rousseau erhält im zu Preußen gehörigen Môtiers Asyl."[5] Von da ab, ist seine Leben durch die Flucht bestimmt.

1766 unternahm er eine Englandreise und verwarf seine Freundschaft mit David Hume. 1768 heiratete er nach mehr als 20 Jahren endlich Marie-Thérèse Levasseur. Nach verschiedenen Tätigkeiten unter anderem auch in Paris, wo er mittlerweile geduldet wurde, begann er 1776 mit *Rousseau richtet über Jean-Jacques* und den *Träumereien des einsamen Spaziergängers*.

1778 siedelte er nach Ermenonville über, wo er nach seinem morgentlichen Spaziergang am 2. Juli des selben Jahres plötzlich in den armen seiner Frau verstarb.

1782 wurden die *Bekenntnisse* und die *Träumereien des einsamen Spaziergängers* veröffentlicht. Einige Jahre später erhob die französische Revolution Jean-Jacques Rousseau zu ihrer Leitfigur, darüber hinaus wurde als Ehrerweisung für jenen Vordenker der französischen Revolution dessen Leichnam 1794 in das Panthéon nach Paris überführt.

3. Rousseaus erzieherisches Gedankenexperiment

Im letzten Punkt habe ich unter anderem versucht das Motiv, welches Rousseau veranlasste den „Emile" zu verfassen, darzulegen.

Jean-Jacques Rousseau schreibt in diesem Buch, dass es keine dogmatischen Richtlinien zur Erziehung seines fiktiven Emile gibt. Im Laufe dieser Arbeit wird ersichtlich werden, dass die Bedeutung jener Schrift im pädagogischen Denken in der von Rousseau herausgearbeiteten Eigenstruktur des Sachverhaltes Erziehung liegt. Jean-Jacques Rousseau fragte als Erster überhaupt nach einem Ziel der Erziehung. Passend zum Zeitalter der

---

04 Sturma, Dieter: Jean-Jacques Rousseau. München. 2001. S.195
05 Sturma, Dieter: Jean-Jacques Rousseau. München. 2001. S.195

Aufklärung war er davon überzeugt, dass Erziehung den Menschen zur Mündigkeit, zur Selbstständigkeit, zum eigenen Urteil, zur Vertretung dessen, was er selber war und sein wollte und nach Maßen des in ihm selbst liegendem Gesetzes sein müsste zu führen habe. Wie auch große Philosophen der Antike (Platon, Aristoteles) wollte Rousseau, dass der Mensch glücklich sei. Dies ist aber laut Rousseau nur möglich, wenn die Balance zwischen Wollen und Können hergestellt ist. So kann man auch als König todunglücklich sein, wenn man gezwungen ist stets der monarchischen Norm zu entsprechen und sein ganzes Leben in einem goldenen Käfig verbringen muss.

Rousseau skizzierte zwei ganz verschiedene Konzeptionen von Erziehung. Eine ist die öffentliche Erziehung zum Citoyen (das ist der Bürger im emphatisch-republikanischen Sinn), der sich nur als Teil eines Gemeinwesens verwirklicht und mit diesem zusammen eine Einheit bildet. Das zweite Erziehungskonzept betrifft die häuslich-private Erziehung zum homme naturel, der seine Mittel in sich selbst hat, und ein distanziertes Verhältnis zum Statt bewahrt, ihn zur eigenen Identitätsbestimmung jedoch überhaupt nicht benötigt.

Rousseau konstruierte zwei Hauptfiguren in „Emile oder über die Erziehung". Da gibt es den Erzieher Jean-Jacques, der auf alle außersachlichen Lerngründe verzichtet, die bis dato in der Gesellschaft üblich waren. Dies betrifft Ermahnungen, Drohungen, Versprechungen, Strafen und Belohnungen. Ebenso musste Rousseau Jean-Jacques alle außersachlichen Beweggründe aus der sozialen Interaktion als schädlich verwerfen lassen. Das waren zum Beispiel die Eitelkeit, der Ehrgeiz, Ruhmsucht und Wetteifer mit anderen. Wetteifer mit sich selbst musste hingegen nicht als verwerflich betrachtet werden, da dieser dem Lernen gegenüber förderlich ist. Die Erziehung Emile´s sollte allein auf die im lernenden Wesen angelegten Triebkräfte, wie Neugier, Wissensdrang, Selbsterhaltung und Abenteuerlust verwiesen sein.

Des Weiteren machte der große Jean-Jacques keinen Gebrauch von Befehlen und verlangte auch keinen Gehorsam. Er konstruierte eine Erziehung, die auf Autorität verzichten konnte.

Rousseau lässt Jean-Jacques also ein imaginäres Kind erziehen.

Dieses Kind konzipierte er als ein durchschnittliches Wesen, welches weder besonders dumm noch außerordentlich intelligent ist. Auch soll es physisch gesund sein. Zu dem hat der kleine Emile weder Mutter noch Vater, die sich um ihn kümmern, so beginnt die Erziehung des Emile bereits kurz nach der Geburt. Jean-Jacques ist ab diesem Zeitpunkt stets an der Seite seines Zöglings.

In „Emile" konnte Rousseau seine damals revolutionäre These, dass das vergesellschaftlichte Leben des Menschen immer schon eine eingeschränkte Form menschlicher Möglichkeiten sei betonen. Dies beweist der wohl berühmteste Satz des Buches: „Alles ist gut, wie es aus den Händen des Schöpfers der Dinge hervorgeht, alles verdirbt unter den Händen des Menschen."[6] Damit unterstreicht er seine Meinung, dass niemand von Geburt an böse sein kann, und nur unter dem Zugriff des Menschen und damit speziell auch unter dem Zugriff der Erziehung entartet bzw. verdirbt und böse wird. Bereits durch diesen ersten Satz, war das Verbot dieses Buches frühzeitig besiegelt. Damit richtete er sich nämlich geradewegs gegen die noch sehr dominierende Kirche und deren Behauptung, dass aufgrund des Sündenfalls im Paradies jeder Mensch die Erbsünde in sich trägt.

Die Erziehung Emiles setzt, wie erwähnt, kurz nach der Geburt des Kindes an. Neugeborene sind in ihrem Wesen durch eine natürliche Güte und in keinem Fall durch böse Anlagen gekennzeichnet. Zutreffend ist auch, dass diese jungen Erdenbürger aufgrund ihrer anfänglichen Schwäche der Hilfe bedürfen. Denn ohne die Hilfe anderer würde der Säugling sterben. Insofern beginnt die Erziehung mit Hilfeleistungen. Die Hilfe aber muss strikt auf die Befriedigung der natürlichen Bedürfnisse begrenzt sein. Andernfalls vergrößert sich die Schwäche des Kindes. Statt die Kräfte des Säuglings an die Möglichkeit der Bedürfnisbefriedigung heranzuführen, werden die Bedürfnisse gesteigert und der Abstand zu den eigenen Möglichkeiten vergrößert. Das Kind wird folglich noch abhängiger als es ohnehin schon ist.

Der Säugling schreit, wenn ihm unwohl zumute ist, hat er aber gelernt, dass dieses Signal die Mutter herbeieilen lässt, wird der Schrei zum Befehl - nach

---

06 Kiepenhauer, Gustav: Emile oder über die Erziehung. Potsdam. 1919. S.19

Rousseau der erste Schritt zur Verstellung, Täuschung, Lüge und Korruption. Aus diesem Grunde muss Erziehung zwischen „künstlichen" und „natürlichen" Bedürfnissen unterscheiden können. Die sogenannten natürlichen Bedürfnisse sind jene, die zum Überleben des Säuglings essentiell notwendig sind. Künstliche Bedürfnisse hingegen sind alle vom Kind nicht aus eigener Kraft erfüllbaren Bedürfnisse, die über die Existenzsicherung hinausgehen und nur durch Außenwirkung erzeugt werden. Zudem sah Jean-Jacques für den kleinen Emile lockere und der Jahreszeit angemessene Kleidung vor. Beispielsweise schnürte er ihn nicht in Leinen ein, sondern ließ ihm die Bewegungsfreiheit, da die ersten Regungen von Natur aus gut sind und nicht verhindert werden müssen und dürfen.

Auch sah Jean-Jacques keine Notwendigkeit Emile Mützen oder sonstigen überflüssigen Kopfschutz aufzuzwingen, da es die Geschichte gezeigt hat, dass Völker wie die Ägypter entgegen beispielsweise indischen Völkern, die stets Kopfbedeckungen tragen, weil sie es aufgrund ihrer Umwelt als Notwendigkeit ansehen dies zu tun, stärkere Schädel aufweisen. Und guter Knochenbau dürfte wohl alles andere als schädlich für Kinder sein.

Entgegen der damals gängigen Erziehungsmethoden sah Rousseau, dass Kinder keine kleinen, unvollkommenen Erwachsenen sind und dem Spielen abzuschwören hätten, weil sie dabei der einstigen Ansicht nach ihre Zeit mit unnützen Dingen vergeudeten und dabei nichts lernten. Wie jede Erziehungsweise war auch die von Rousseau auf ein künftiges Ziel gerichtet. Er sah allerdings auch, dass jede Zukunft auch einmal Gegenwart sein wird. So integrierte er in sein Erziehungskonzept das Spiel als wesentlichen Bestandteil mit ein. Indem das Kind spielte hatte es auf der einen Seite eine erfüllte und glückliche Gegenwart, zugleich sorgte es aber auch unbewusst für seine Zukunft vor, da die dem Spiel abverlangten körperlichen Leistungen (geistig und körperlich) die Kräfte übten und entwickelten.

Emile wurde in einem sozial sehr verdünnten Raum, weit ab von der damaligen Gesellschaft und vor allem von den gesellschaftlich verseuchten Großstädten wie Paris und London erzogen.

Alle Menschen, mit denen Emile während seiner Kindheit zusammentraf, waren quasi pädagogische Strohmänner (z.B. der savoyische Vikar), die von Rousseau dirigiert wurden.

Da Rousseau mit dieser Schrift der kirchlichen Aussage der Erbsünde des Menschengeschlechtes entschieden entgegen trat, diese ihm jedoch das Gegenteil seiner Behauptungen vergeblich zu beweisen versuchte, schrieb er einen 100 Seiten langen Brief an den damaligen Erzbischof, worin er seine Grundgedanken darlegte.

„... Man versperre also dem Laster den Zugang, und der Mensch wird immer gut bleiben. Auf dieses Prinzip baue ich die negative Erziehung als die beste oder vielmehr als die einzige gute. Ich zeige, daß man bei einer positiven Erziehung, welchen Weg man dabei auch einschlage, immer ein ganz anderes Ziel erreicht, als man sich vorgenommen hat ... Positive Erziehung nenne ich diejenige, welche den Geist vor der Zeit bilden und dem Kinde die Kenntnis von Pflichten des Menschen einprägen will. Negative Erziehung nenn ich diejenige, welche erst die Organe als die Mittel unserer Kenntnis verfeinern will, ehe man uns Kenntnisse beibringt, und welche zur Vernunft durch die Übung der Sinne erst vorbereitet. Die negative Erziehung ist also bei weitem nicht müßig. Sie gibt keine Tugenden, aber sie kommt dem Laster zuvor, sie zeigt die Wahrheit nicht, sie verhütet aber den Irrtum. Sie bereitet das Kind auf alles vor, womit es das Wahre erkennen kann, sobald es fähig ist, dasselbe zu verstehen, und das Gute, sobald es dasselbe lieben kann."[7]

Nach diesem Prinzip erzogen, lässt Jean-Jacques Emile alle Freiheiten. Sogar vor Dummheiten hält er ihn nicht zurück. Zum Beispiel zerstört Emile einmal ein Fenster, erhält jedoch keine direkte Strafe. Das Einzigste, was Jean-Jacques von Emile verlangt ist, dass er in diesem Zimmer bei zugigem Wind schlafen muss. Ziel ist, dass Emile selbst einsieht, dass es nicht recht und für ihn im Resultat vor allem nicht angenehm war, das Fenster zu zerstören. Die Einsicht muss also immer aus Emile heraus kommen und darf ihm nicht aufdiktiert werden. Eine weitere wichtige Vorsorge bei dieser Erziehung war,

---

07. Fischer, W. u. Löwisch, D.J.: Philosophen als Pädagogen. 2.,ergänzte Auflage. Darmstadt. 1998 S.99

dass Jean-Jacques alles, woran Emile sich hätte lebensgefährlich verletzten können, verschwinden ließ.

Sobald Emile das zwölfte oder dreizehnte Lebensjahr erreicht hatte, sollte er ein Handwerk erlernen. Jean-Jacques sagte im imaginären Gespräch mit einer Madame, die Emile mindestens den Rang eines Adligen gegeben hätte :

„Ich, ich will ihm einen Rang geben, den niemand ihm rauben kann, einen Rang, der zu allen Zeiten ihm Ehre bringen wird. Ich will ihn für den Stand eines Menschen erziehen; und, was Sie auch sagen mögen, er wird bei diesem Titel weniger seines Gleichen haben, als bei allen denen, die er von Ihnen erhält."[8]

Jean-Jacques sucht also mit Emile die Werkstatt eines Tischlers auf und beide, aber vor allem Emile erlernen die Tischlerkunst.

Hier wird erneut deutlich, dass es das Ziel war Emile zur Sachlichkeit auszubilden, sowie Missachtung und Vorurteile der gesellschaftlich privilegierteren Schichten gegenüber der handarbeitenden Bevölkerung im Bewusstsein des Emile zu widerlegen.

Ferner ist Jean-Jacques oberstes Ziel Emile zum Menschen auszubilden, der fähig zu allem und nicht nur zu einer speziellen Tätigkeit ist. Den Königen und Adligen gibt Rousseau mit dieser Schrift den Beleg für deren Unfähigkeit selbstständig überleben zu können. Diese lassen sich bedienen und haben noch nie einen Finger bewegt. Emile hingegen kann auch ohne fremde Hilfe notfalls überleben. Der Edelste unter den Monarchen, Aristokraten und den Menschen überhaupt ist laut Rousseau derjenige, der bereit ist sich in den Stand eines Bauern oder Handwerkers zu versetzen und beispielsweise einen echten Beruf zu erlernen. Durch diese Tätigkeit erhebt er sich selbst auf die höchste Stufe, die überhaupt jemand erreichen kann.

Auf die Stufe des wahren Menschen.

Des Weiteren erhob Rousseau mit „Emile oder über die Erziehung" die Prinzipien der bürgerlichen Erziehung auf den Stand einer allgemeinen menschlichen Bildung.

Fortfahrend erreicht Emile das Jugendalter. Dieses nimmt seinen Anfang mit dem in der Pubertät erwachenden Gefühlsleben, das Rousseau die „zweite

---

08 Kiepenhauer, Gustav: Emile oder über die Erziehung. Potsdam. 1919. S.128

Geburt" nannte. Das Ziel ein Gleichgewicht von Wollen und Können zu erhalten blieb allgegenwärtig. Bis dato hatte Emile unter Abgrenzung von äußeren schädlichen Einwirkungen die Zeit zum Studium genutzt. Rousseau erkannte aber, dass mit der Pubertät die Zeit gekommen war, um Emile die Gesellschaft zu zeigen. Nun kam nämlich nicht mehr die Gefahr von Außen, sondern von Innen. Emile musste also lernen höhere, menschliche Erfahrungen, welche die Kulturleistungen voraussetzten zu machen. Für diesen neuen Abschnitt in Emiles Leben entfesselte Rousseau in seiner Abhandlung über die Erziehung den Antagonismus von Neigungen und Gegenkräften, Förderungen und Hemmungen und schließlich machte er die jugendliche Liebe zum Zentrum der Erziehung. Wie in so vielen Punkten war Rousseau seiner Zeit weit voraus. Er erkannte, dass Geschlechtsreife und Sexualität keineswegs schlecht waren, sondern als positiv zu bewerten sein, und favorisierte die Liebesheirat, weil sie auf Dauer angelegt war und sich „durch Gemeinsamkeit der Bildung und der sozialen Verpflichtung der Ehepartner"[9] auszeichnete. „Diesem Zentrum ordnete Rousseau alle anderen Bildungserlebnisse seines Zöglings zu: Mitgefühl für die Leidenden, Anwaltschaft für die Armen, Geschichte, Sprachen, Literatur, Ästhetik, Religion, Philosophie, politische Theorien und eine große europäische Bildungsreise, dies alles war verknüpft mit der Erziehung zur Liebe."[10]

4. Der Ursprung des Bösen und mögliche Lösungsansätze zu diesem Problem

Der oft zitierte erst Satz im „Emile" behauptet, dass kein Mensch von Grund auf böse ist, sondern gut zur Welt kommt und unter der besonders damals vorherrschenden Erziehungsmethode zum Bösen neigt und entartet. Rousseau führte zur Verdeutlichung besonders viele Beispiele der Erziehung an, die sofort nach der Geburt, also im Säuglingsalter dem Baby angetan wurden, wodurch das Böse im Menschen gedeihen konnte. Zur Zeit Rousseaus waren sich viele bessergestellte Frauen zu fein ihre

---

09 Blankertz, Herwig: Die Geschichte der Pädagogik. Wetzlar. 1982. S.77
10 Blankertz, Herwig: Die Geschichte der Pädagogik. Wetzlar. 1982. S.77

Kinder selbst zu stillen. Ammen mussten sich um diese Kinder kümmern. Die Ausmaße dieses vergesellschaftlichten Verhaltens der betuchteren Frauen, waren häufig überforderte ärmere Frauen, welche die Kinder stillten. Zumeist waren diese jedoch heillos oft mit mehreren Säuglingen überfordert und gingen in der Regel nicht so sensibel, wie es eine fürsorgliche Mutter tut, um. Rousseau beschrieb im „Emile", dass diese Frauen sogar, weil sie eben überfordert waren, diese Kinder in einer gewissen Vorrichtung an die Wand hingen, damit sie nicht störten. In dieser Vorrichtung waren sie genauso in ihren natürlichen Bewegungen behindert, wie oftmals in ihrer Kleidung bzw. ihren Wickeln. Die Lösung dieses wahrlichen Notstandes ist relativ einfach.

Alle Eltern sollen sich einfach selbst um ihre Kinder kümmern und diese, wie Rousseau sagte, heilige Pflicht nicht vernachlässigen. Die durch Ammen aufgezogenen Kinder rächen sich an ihren Eltern mit Ungehorsam, Ignoranz und Lieblosigkeit. Des Weiteren wurden diese Kinder, sobald sie aus dem Gröbsten heraus gewachsen waren, sehr oft nach einiger Zeit von den Pflegemüttern weggenommen. Dies hatte dann nicht nur zur Folge, dass sie ihre leiblichen Eltern quasi hassten, sondern dass sie ebenso gegen ihre Pflegemütter empfunden, da sie denken mussten, dass diese sie im Stich gelassen hatten.

Ein weiterer Notstand in der damaligen Zeit war die positive Erziehung, die wie bereits zitiert dem jungen menschlichen Geist Bildung gleichsam einmeißeln wollte. Rousseau erkannte, dass es vielmehr auf die eigene Erkenntnis ankam, anhand derer das Kind wirklich begreift. Jean-Jacques ließ deshalb auch seinen Zögling Emile die Freiheit in der Kindheit zu spielen und so wertvolle Erfahrungen zu sammeln.

Der Erwerb der Sprache ist ein weiterer zentraler Punkt in dieser Schrift. Rousseau zeigte auf, dass Stadtkinder den Kindern von Bauern im Sprechenlernen weit unterlegen sind. Ursächlich für den schnelleren Erwerb der Sprache auf dem Lande ist vornehmlich der engere Wortschatz, den die Bauersleute (zu der Zeit wohlmerklich) haben. Wenn ein Kind sprechen lernen soll, so liegt es in der Pflicht der Erzieher ihnen mit Worten zu begegnen, die verständlich für einen so jungen Geist sind. Jean-Jacques sah jedoch auch den Nachteil dieses Spracherwerbs auf dem Lande und Stand seinem Zögling stets zur Seite, damit dieser mit der Zeit einen umfassenderen Wortschatz ausbilden konnte und ein besser akzentuiertes Französisch sprechen könnte, als er selbst. Ein weiterer Vorteil bei der Erziehung im Ländlichen ist die Unberührtheit der Natur. Emile durfte spielen und konnte alles unter dem fürsorglichen Auge seines Erziehers erforschen, wie es ihm beliebte. Bürgerliche Stadtkinder wurden im Frankreich des 18.Jahrhunderts besonders „keimfrei" erzogen. Damit will ich sagen, dass sie stets der elterlichen Etikette zu entsprechen hatten und mit Spinnen beispielsweise u.Ä., was der bürgerlichen Norm nicht entsprach den Umgang gar nicht erst in Ansätzen kennen gelernt hatten. Resultat waren unnütz erzeugte Ängste, welche Kinder in ländlicheren Gegenden überhaupt nicht kannten.

Wie in Punkt 3 erwähnt, basierte Rousseaus Erziehungskonzept weder auf außersachlichen Lerngründen noch auf angegebenen außersachlichen Beweggründen und hatte einen antiautoritären Charakter.

Unter dieser Erziehungsmethode ergab sich für Emile auch keinerlei Grund jemals seinen Erzieher zu belügen, denn er hatte keine Art von Strafe zu erwarten und musste auch keinen direkten Anforderungen erfüllen. Ganz anders die Methode der Erziehung gegen die Rousseau mit „Emile" Widerspruch einlegte.

Selbst wenn Emile in Versuchung kommen sollte, Jean-Jacques vorsätzlich zu belügen, so liegt es in der Hand des Erziehers seinem Zögling deutlich zu machen, welche Konsequenzen daraus entstehen. Dies soll allerdings nicht wie damals üblich durch Strafe geschehen, da das Kind sonst denken musste, dass es nur besser lügen müsste, um nicht erwischt zu werden, und somit auch keine Strafe ertragen bräuchte. Nein, Emile sollte begreifen, „daß alle schlimmen Folgen der Lüge, z.B. daß man dem Lügner nicht glaubt, wenn er auch die Wahrheit spricht, daß man beschuldigt wird, etwas Böses getan zu haben, wenn man es auch nicht getan hat, daß alle diese Folgen dem Lügner zur Last fallen."[11]

Die Bildung beruhte zur Zeit Rousseaus vorwiegend und zwar ganz gleich in welchem Stand sie erteilt wurde auf dem Prinzip des Auswendiglernens und

---

11 Kiepenhauer, Gustav: Emile oder über die Erziehung. Potsdam. 1919. S.87

Aufsagens. Was nützt es schon einem Kind, wenn es vorübergehend Latein kann und trotzdem nicht versteht, wofür es notwendig ist und dieses stur auswendig Gelernte nach kurzer Zeit ohnehin wieder vergisst, weil für dieses Kind keine Erkenntnis sichtbar ist, die es daraus ziehen könnte, es zu lernen? Oder was bringt die beste geographische Ausbildung und das Wissen, wo sich irgendwelche Länder, Städte, Flüsse und Seen auf dem zumeist vorgehaltenem Globus befinden, wenn es sich, wie Rousseau anfügte, nicht einmal in seiner näheren Umgebung zurecht fände? So heißt es: „In jeder Wissenschaft sind Worte ohne Begriffe von den bezeichneten Gegenständen nichts. Gleichwohl beschränkt man die Kinder immer auf diese Zeichen, ohne ihnen irgend einmal etwas von den Dingen begreiflich zu machen, die durch sie ausgedrückt werden. Man glaubt ihnen eine Beschreibung von der Erde zu machen, und lehrt sie bloß die Karten kennen; ... Ich bin vollkommen überzeugt, daß nach einem Unterrichte von zwei Jahren über die Armillarsphäre und Kosmographie kein zehnjähriges Kind nach den erhaltenen Regeln von Paris bis nach St. Denis findet. ... Mit einem noch lächerlicheren Irrtum lehrt man sie auch die Geschichte. Man meint, daß die Geschichte etwas Verständliches für sie sei, weil sie bloß einen Inbegriff von Tatsachen darstellt. Aber was versteht man unter diesem Worte? ... Seht ihr in den Handlungen der Menschen nichts weiter als ihre äußeren und bloß physischen Bewegungen, was wollt ihr da von der Geschichte begreifen? Schlechterdings nichts; und diese Wissenschaft, so entblößt von allem Interesse, gewährt auch ebensowenig Vergnügen als Belehrung. Will man aber diese Handlungen in ihren moralischen Beziehungen ergründen, so versuche man vorerst diese Beziehungen euren Zöglingen verständlich zu machen. Dann wird es sich erst zeigen, ob die Geschichte für ihr Alter passe."[12] Um die Schwierigkeit des passenden und altersgemäßen Vokabulars zu verdeutlichen fügte Rousseau die Fabel „Der Rabe und der Fuchs" von Fontaine bei. Derartige dichterischen Prosa enthalten für Kinder Unmengen von missverständlichen Wörtern. Wieso können Tiere reden? etc., dürfte wohl am häufigsten von Kindern gefragt werden!

---

12 Kiepenhauer, Gustav: Emile oder über die Erziehung. Potsdam. 1919. S.94,95

Ein weiteres Hindernis um ein wahrhafter Mensch zu werden, liegt wohl auch in der beschriebenen Arroganz begründet, sich über andere zu stellen. Rousseau schiebt dieser einen Riegel vor, indem er Emile zum Menschen erzieht, der alles respektiert und nicht mehr sein will, als er fähig ist zu sein. Das Erlernen der Tischlerkunst ist ein vorzüglich gewähltes Mittel, um diese Erziehung zu unterstützen. So lernt Emile nicht etwa dieses Handwerk, damit er sich mit seinen Leistungen schmücken kann und Lob zur Befriedigung seiner Ruhmsucht erhält, sondern damit er die Arbeit der einfacheren Leute zu würdigen weiß. Jean-Jacques betont auch, dass wenn Emile wegen einer besonders gelungenen Arbeit gelobt werden möchte, man die Arbeit als solches loben soll, jedoch nicht ihn selbst. Es soll heißen: „Das ist ein guter Tisch." jedoch nicht, dass der Tisch sogut geworden ist, weil *er* ihn hergestellt hat.

Jean-Jacques lässt seinen Zögling in fortschreitendem Alter auch die Liebe suchen und in Sophie finden. Denn die jugendliche Liebe ist schließlich das Zentrum der Erziehung. Bevor Emile und Sophie jedoch überstürzt den Bund der Ehe eingehen unternehmen Jean-Jacques und Emile eine knapp zweijährige Reise. Diese führt sie durch ganz Europa. Emile soll nämlich nicht nur aus Reiseberichten andere Völker und Nationen kennen lernen, sondern sie auch wirklich erfahren. Zur Umsetzung dieses Zieles reisen die beiden, deren Verhältnis mit zunehmender Zeit mehr den Anschein eines freundschaftlichen, als eines erzieherischen Verhältnisses hat in die jeweiligen Provinzen der Länder, denn in den Großstädten wie London und Paris sind mehr Ausländer, als de facto Einheimische anzutreffen. Während der Reisen macht Emile auch ihm in der Zukunft (lt. Jean-Jacques) dienliche Freundschaften.

Die zwei versprochenen erleben unterdessen diese Zeit gleichsam als Bewährungsprobe ihrer Liebe. Nach der Rückkehr Emiles heiratet er seine Sophie. Bald darauf wird dieses Ehe- zum Elternpaar. Somit hat der Erzieher Jean-Jacques seine Pflicht erfüllt und Emile zum Menschen erzogen.

5. Resümee

Diese Arbeit abschließend kann ich für meinen Teil nur bestätigen, dass Rousseau auf jeden Fall mit „Emile oder über die Erziehung" einen Meilenstein im pädagogischen Denken gesetzt hat. Anfänglich war ich, wie so viele Kritiker seiner Zeit dazu hingerissen aufgrund seines Lebenswandels und diesbzgl. besonders der Übergabe seiner fünf Kinder ins Findelhaus die Ernsthaftigkeit seiner Schrift anzuzweifeln. Bei näherer Betrachtung und unter Einbezug der unter Punkt 2 geschilderten Aspekte, ist es jedoch wahrscheinlich das ehrlichste und wohlgemeinteste pädagogische Werk überhaupt. Allein die Schmach selbstverschuldet alle Kinder, die wahrscheinlich, unter Betrachtnahme der widrigen Verhältnisse in Findelhäusern der damaligen Zeit, das erste Lebensjahr nicht überstanden haben, verloren zu wissen, da sie trotz diverser Bemühungen nie wieder gefunden wurden, und der Tatsache, dass „Emile" als ursprünglich letztes Werk, um eine alte Sünde abzubüßen geplant worden war, geben Anlass ihm zu glauben. Wer könnte wohl ehrlicher sein, als jener, der in dieser Hinsicht nichts mehr zu verlieren hat?

Dieses Buch beinhaltet viele Wahrheiten, die sich ebenso gut auf die heutige Zeit ummünzen lassen. Hierbei denke ich vor allem an das Beispiel des Unterrichts, indem pures Wissen unverständlich vermittelt wurde. Trotz kreativen und anschaulichen Unterrichts ist es dennoch nicht immer möglich tatsächliche Erkenntnisse in den Kinder hervorzurufen. Ich erinnere mich an einen ehemaligen Mathelehrer. Auf meine Frage, wozu man irgend so eine verquere Rechnung brauche, konnte er mir keine Antwort geben. Oder Chemie. Anfangs war es noch relativ leicht, als noch Experimente gemacht wurden. Später war es allerdings manchmal wirklich nur ein auswendig lernen von unverständlichen Gleichungen.

Die wichtigste Erkenntnis aus dieser Schrift ist aber wohl die, dass man einen Menschen zum Menschen erziehen müsse. Ist es nicht in der heutigen Zeit wichtiger denn je zu wissen, wer man ist? In einer Zeit, wo Politiker ihren eigenen Stolz über das Wohl der Gemeinschaft, in solch einem wirtschaftlich und finanziell angeschlagenem Land wie es Deutschland ist, stellen und weiterhin Zeit mit nichtsbringenden Diskussionen verschwenden!

Was nützt es, wenn man sich nur durch seinen Stand in der Gesellschaft definieren kann und nicht weiß, dass man in aller erster Linie Mensch ist und sich als solcher aus sich selbst heraus definieren sollte?

Literaturverzeichnis

Blankertz, Herwig: Die Geschichte der Pädagogik. Wetzlar. 1982

Fischer, W. u. Löwisch, D.J.: Philosophen als Pädagogen. 2.,ergänzte
Auflage. Darmstadt. 1998

Kiepenheuer, Gustav: Jean Jacques Rousseau EMIL oder über die Erziehung.
Potsdam. 1919

Schäfer, Alfred: Rousseau: Pädagogik und Kritik. Weinheim. 1992

Sturma, Dieter: Jean-Jacques Rousseau. München. 2001